Impressum
Verlag: BABADADA GmbH, Nedderfeld 112 , 22529 Hamburg
Geschäftsführer / Verlagsleitung: Harald Hof
Druck: Books on Demand GmbH, In de Tarpen 42, 22848 Norderstedt

Imprint
Publisher: BABADADA GmbH, Nedderfeld 112 , 22529 Hamburg, Germany
Managing Director / Publishing direction: Harald Hof
Print: Books on Demand GmbH, In de Tarpen 42, 22848 Norderstedt

el colegio
Schuel

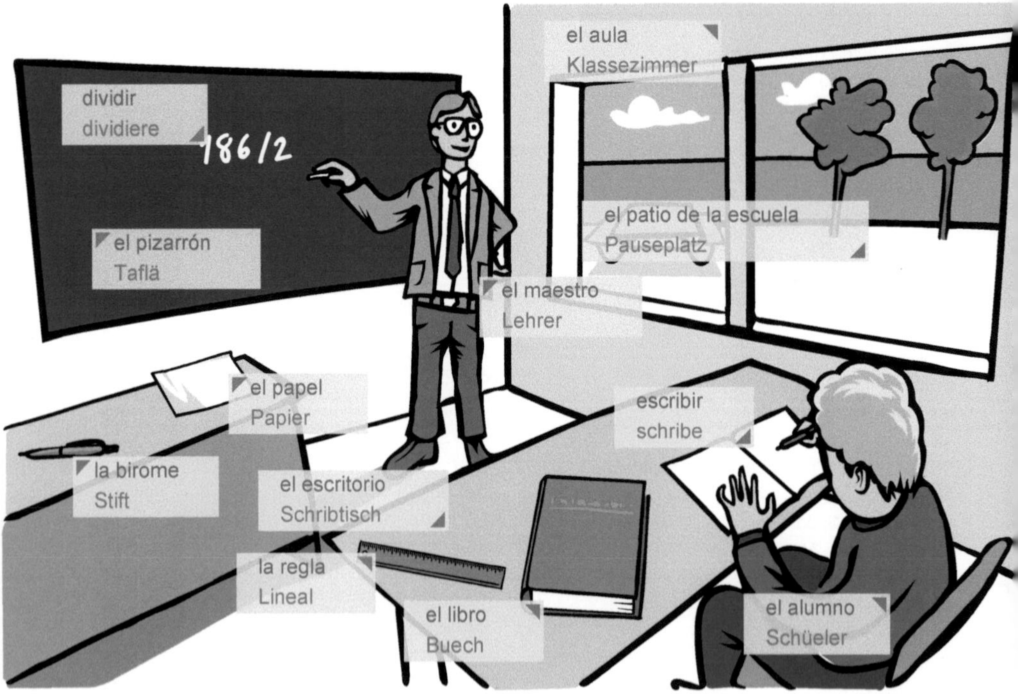
el aula
Klassezimmer
dividir
dividiere
186/2
el pizarrón
Taflä
el patio de la escuela
Pauseplatz
el maestro
Lehrer
el papel
Papier
escribir
schribe
la birome
Stift
el escritorio
Schribtisch
la regla
Lineal
el libro
Buech
el alumno
Schüeler

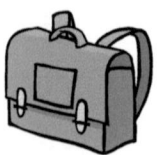

la mochila
Thek

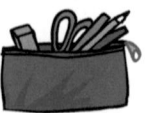

la caja de lápices
Etui

el lápiz
Bleistift

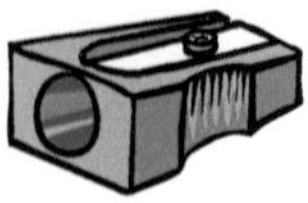
el sacapuntas
Spitzer

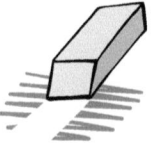

la goma (de borrar)
Radiergummi

el bloc de dibujo
Zeicheblock

el dibujo

Zeichnig

el pincel

Pinsel

la caja de pinturas

Malchaschte

la tijera

Schär

el pegamento

Liim

el cuaderno de ejercicios

Üebigsheft

la tarea

Huusufgabe

el número

Zahl

sumar

addiere

restar

subtrahiere

multiplicar

multipliziere

calcular

rächne

la letra

Buechstabe

el abecedario

Alphabet

la palabra

Wort

el texto

Text

leer

läse

la tiza

Kriide

la lección

Lektion

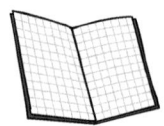

el cuaderno de clase

Klassäbuech

el examen

Prüefig

el certificado

Zügnis

el uniforme escolar

Schueluniform

la educación

Usbildig

la enciclopedia

Enzyklopädie

la universidad

Universität

el microscopio

Mikroskop

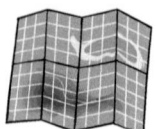

el mapa

Charte

el tacho (de basura)

Papierchorb

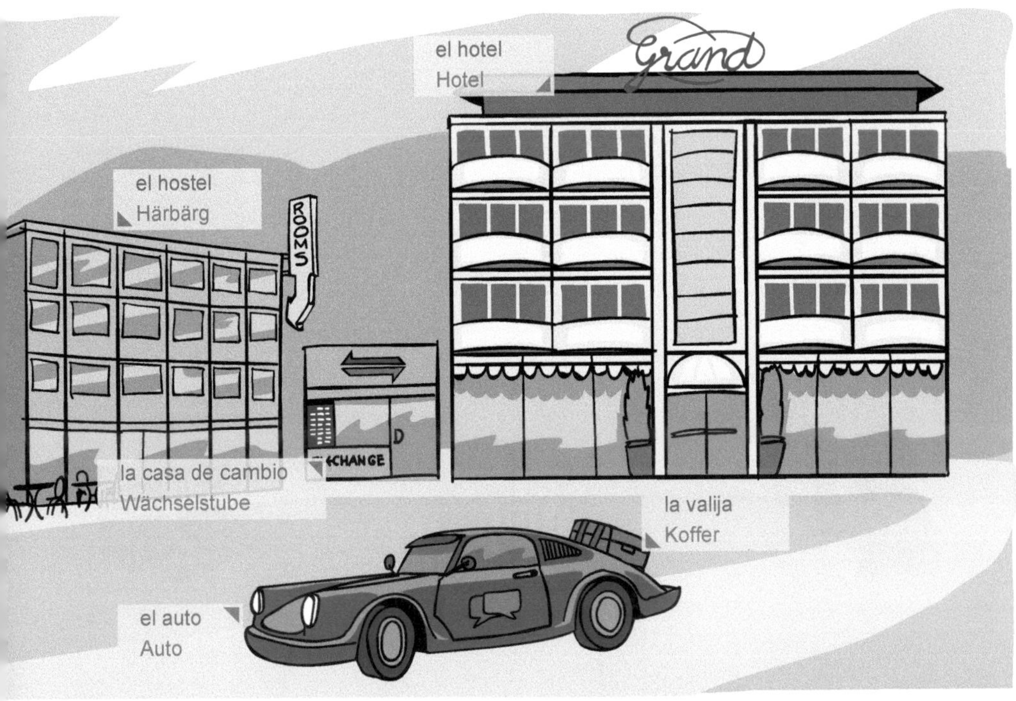

el hotel
Hotel
Grand
el hostel
Härbärg
ROOMS
la casa de cambio
Wächselstube
CHANGE
la valija
Koffer
el auto
Auto

el idioma

Sprach

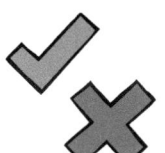

sí / no

jo / nei

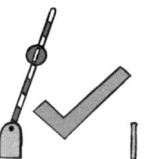

Está bien

okay

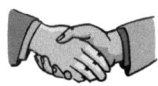

hola

Hallo

el traductor

Dolmetscher

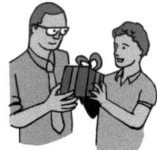

Gracias

Dankä

¿cuánto cuesta...?

Was chostet...?

No entiendo

Ich vrstahs nöd

el problema

Problem

¡Buenas tardes!

Guete Abig!

¡Buenos días!

guete Morgä!

¡Buenas noches!

guete Abig!

el adiós

Uf Wiederseh

la dirección

Richtig

el equipaje

Bagaasch

el bolso

Täsche

la mochila

Rucksack

el invitado

Gast

la habitación

Ruum

la bolsa de dormir

Schlafsack

la carpa

Zält

la información turística

Touristeninformation

la playa

Strand

la tarjeta de crédito

Kreditkarte

el desayuno

Zmorge

el almuerzo

Zmittag

la cena

Znacht

el pasaje

Billet

el ascensor

Ufzug

el sello

Briefmarke

la frontera

Gränze

la aduana

Zoll

la embajada

Botschaft

la visa

Visum

el pasaporte

Pass

el viaje - Reis

el transporte
Transport

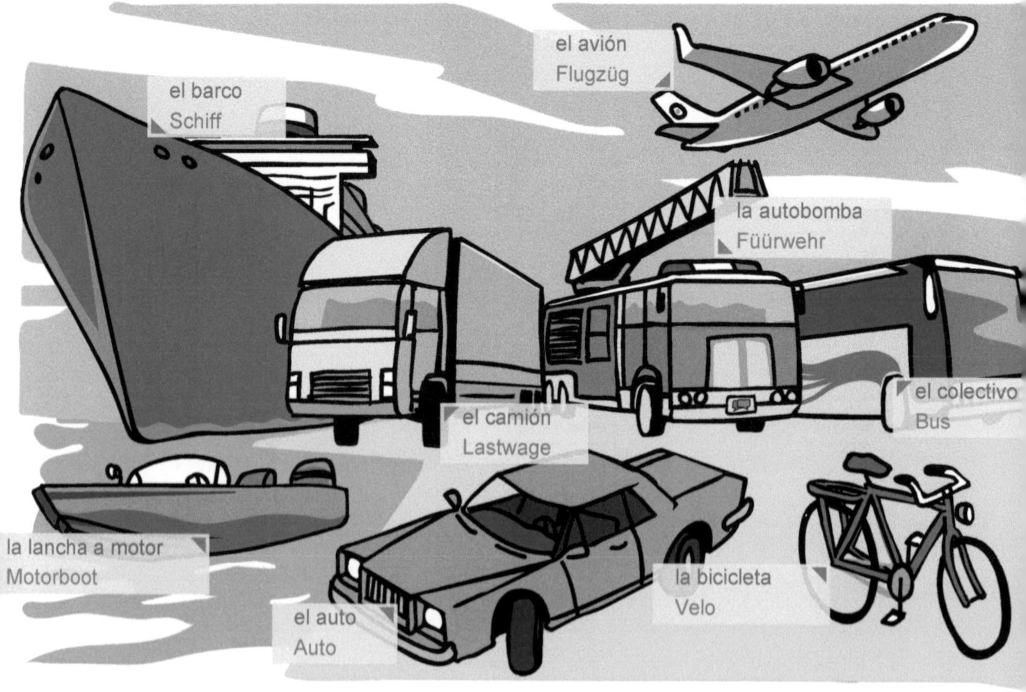
el barco
Schiff
el avión
Flugzüg
la autobomba
Füürwehr
el colectivo
Bus
el camión
Lastwage
la lancha a motor
Motorboot
el auto
Auto
la bicicleta
Velo

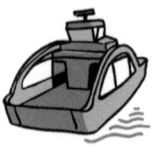

el ferry
Fähri

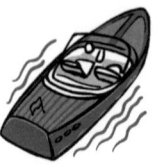

el bote
Boot

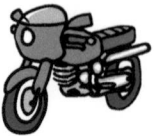

la moto
Töff

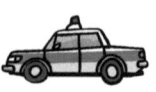

el patrullero
Polizeiauto

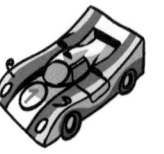

el auto de carreras
Rännauto

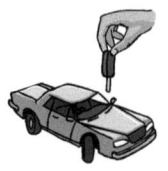

el auto de alquiler
Mietwage

el alquiler de autos

Carsharing

la grúa

Abschleppwage

el camión de la basura

Chübelwage

el motor

Motor

la nafta

Benzin

la estación de servicio

Tankstell

la señal de tránsito

Verkehrsschild

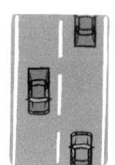

el tránsito

Verchehr

el embotellamiento

Stau

el estacionamiento

Parkplatz

la estación de tren

Bahnhof

las vías

Schiene

el tren

Zug

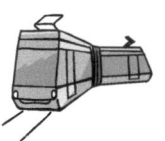

el tranvía

Strassebahn

el vagón

Wagon

el helicóptero

Helikopter

el aeropuerto

Flughafe

la torre

Tower

el pasajero

Passagier

el contenedor

Container

la caja de cartón

Karton

la carretilla

Chare

la canasta

Korb

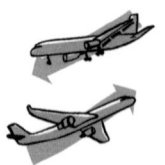

despegar / aterrizar

starte / lande

la ciudad

Stadt

el pueblo

Dorf

el centro de la ciudad

Stadtzentrum

la casa

Huus

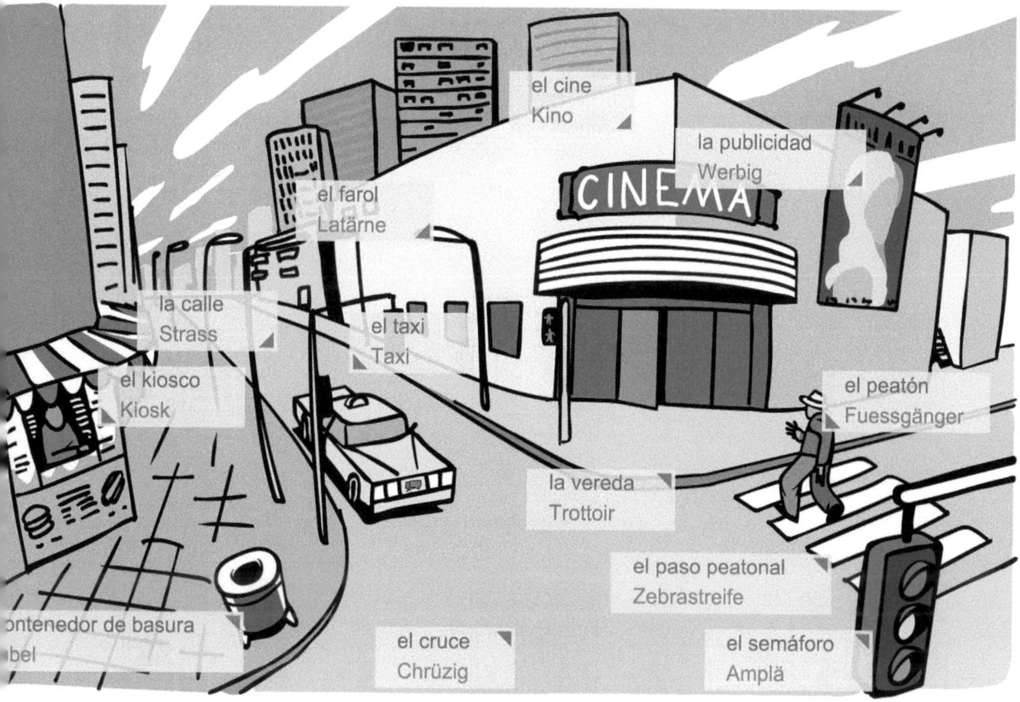

el cine
Kino

la publicidad
Werbig

el farol
Latärne

CINEMA

la calle
Strass

el taxi
Taxi

el kiosco
Kiosk

el peatón
Fuessgänger

la vereda
Trottoir

el paso peatonal
Zebrastreife

ontenedor de basura
bel

el cruce
Chrüzig

el semáforo
Amplä

la cabaña

Hütte

el departamento

Wohnig

la estación de tren

Bahnhof

la municipalidad

Gmeindshuus

el museo

Museum

el colegio

Schuel

la ciudad - Stadt

la universidad

Universität

el banco

Bank

el hospital

Spital

el hotel

Hotel

la farmacia

Apotheke

la oficina

Büro

la librería

Buechgschäft

el negocio

Gschäft

la florería

Bluemelade

el supermercado

Läbensmittellade

el mercado

Märt

las grandes tiendas

Chaufhuus

la pescadería

Fischhändler

el centro comercial

Iihkaufszentrum

el puerto

Hafe

el parque

Park

el banco

Bank

el puente

Brugg

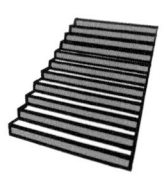

las escaleras

Stäge

el subte

U-Bahn

el túnel

Tunnell

la parada del colectivo

Bushaltestell

el bar

Bar

el restaurante

Restaurant

el buzón

Briefchastä

el letrero

Strasseschild

el parquímetro

Parkuhr

el zoológico

Zolli

la pileta

Badi

la mezquita

Moschee

la granja

Buurehof

la contaminación

Umwältvrschmutzig

el cementerio

Fridhof

la iglesia

Chile

los juegos infantiles

Spielplatz

el templo

Tämpel

el paisaje
Landschaft

la hoja
Blatt

el poste indicador
Wägwiiser

el camino
Wäg

la pradera
Wise

la piedra
Stei

el árbol
Baum

el excursionista
Wanderer

el río
Fluss

la hierba
Gras

la flor
Bluamä

el valle
Tal

la montaña
Bärg

el lago
See

el bosque
Wald

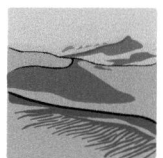

el desierto
Wüeschti

el volcán
Vulkan

el castillo
Schloss

el arco iris
Rägeboge

el champiñón
Pilz

la palmera
Palme

el mosquito
Moskito

la mosca
Fliege

la hormiga
Ameise

la abeja
Biendli

la araña
Spinne

el escarabajo

Chäfer

la rana

Frosch

la ardilla

Eichhörnli

el erizo

Igel

la liebre

Haas

la lechuza

Üle

el pájaro

Vogu

el cisne

Schwan

el jabalí

Wildschwein

el ciervo

Hirsch

el alce

Elch

la presa

Damm

el aerogenerador

Windturbine

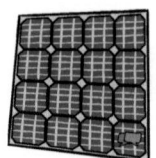

el panel solar

Sunnekollektor

el clima

Klima

el restaurante
Restaurant

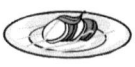

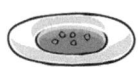

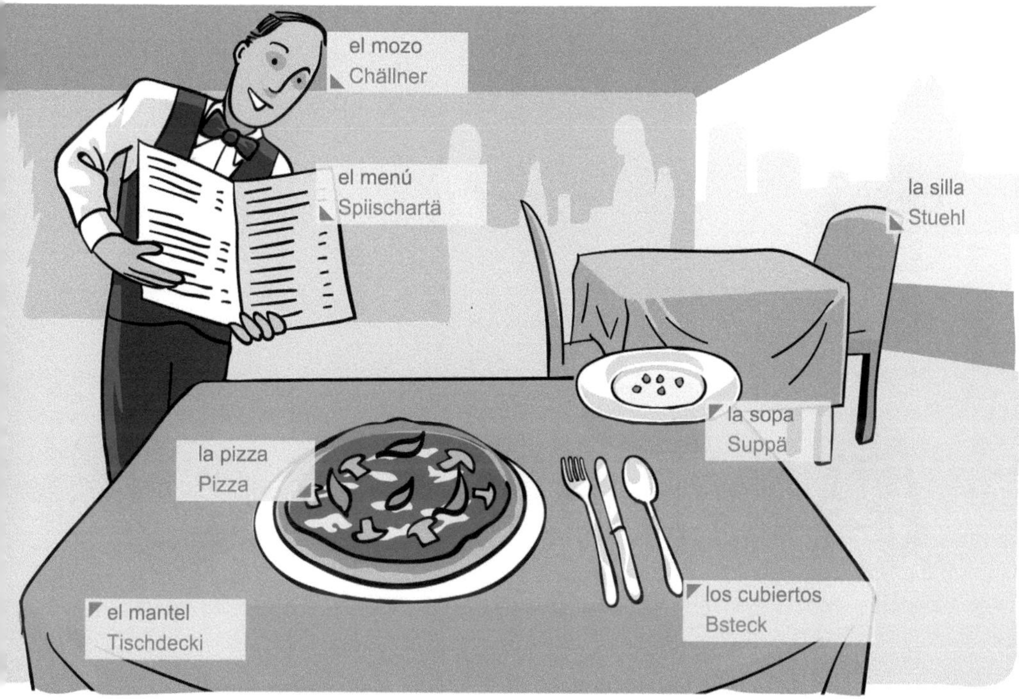
el mozo
Chällner
el menú
Spiischartä
la silla
Stuehl
la sopa
Suppä
la pizza
Pizza
los cubiertos
Bsteck
el mantel
Tischdecki

la entrada
Vorspiies

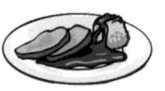

el plato principal
Hauptgricht

el postre
Dessert

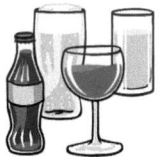

las bebidas
Getränk

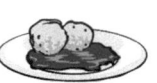

la comida
Läbensmittel

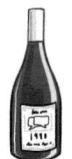

la botella
Fläsche

la comida rápida

Fast Food

la comida callejera

Street Food

la tetera

Teechanne

la azucarera

Zuckerdosä

la porción

Portion

la cafetera expreso

Espressomaschine

la sillita alta

Hochstuehl

la cuenta

Rächnig

la bandeja

Tablett

el cuchillo

Mässer

el tenedor

Gable

la cuchara

Löffel

la cucharita

Teelöffel

la servilleta

Serviette

el vaso

Glas

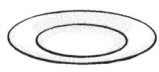

el plato

Täller

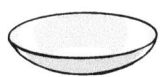

el plato hondo

Suppetällär

el plato

Untertasse

la salsa

Sose

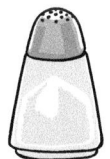

el salero

Salzstreuer

el molinillo de pimienta

Pfäffermühli

el vinagre

Essig

el aceite

Öl

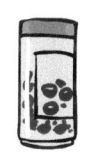

las especias

Gwürz

el kétchup

Ketchup

la mostaza

Sänf

la mayonesa

Mayonnaise

el supermercado
Läbensmittellade

la oferta especial
Ahgebot
FOR
el cliente
Chund
los lácteos
Milchprodukt
la fruta
Frücht
el changuito
lichaufswage

BUTCHERS

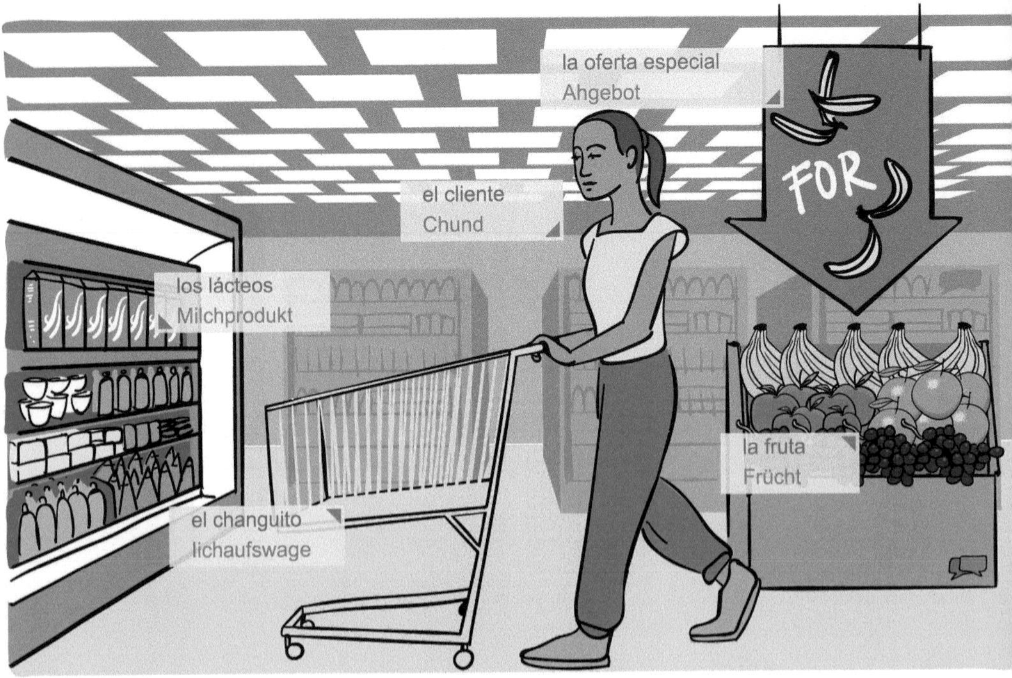

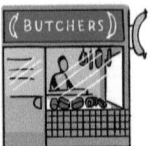

la carnicería

Schlachter

BAKERY

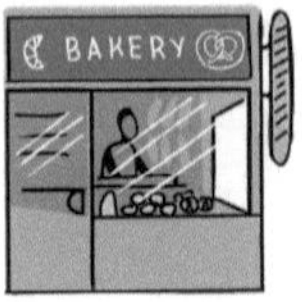

la panadería

Beck

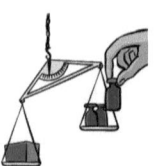

pesar

wiege

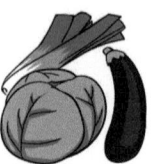

las verduras

Gmües

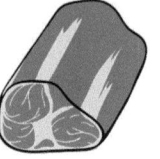

la carne

Fleisch

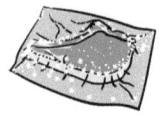

los alimentos congelados

Tiefkühlprodukt

los fiambres

Ufschnitt

los alimentos enlatados

die Konsärve

el detergente en polvo

Wöschmittel

las golosinas

Süessigkeite

los electrodomésticos

Huushaltartikel

los productos de limpieza

Putzmittel

la vendedora

Verchäuferin

la caja

Kassä

el cajero

Kassierer

la lista de compras

Ihchaufsliste

el horario de atención

Öffnigszite

la billetera

das Portemonnaie

la tarjeta de crédito

Kreditkarte

la cartera

Täsche

la bolsa de plástico

Plastiksack

el agua

Wasser

el jugo

Saft

la leche

Milch

la bebida cola

Cola

el vino

Wii

la cerveza

Bier

el alcohol

Alkohol

el cacao

Ovi

el té

Tee

el café

Kafi

el café expreso

Espresso

el cappuccino

Cappuccino

la banana

Banane

la manzana

Öpfel

la naranja

Orange

el melón

Melone

el limón

Zitrone

la zanahoria

Rüebli

el ajo

Chnoobli

el bambú

Bambus

la cebolla

Zwiblä

el champiñón

Pilz

las nueces

Nüss

los fideos

Nudle

los tallarines

Spaghetti

el arroz

Riis

la ensalada

Salat

las papas fritas

Pommfrit

las papas fritas

Bratherdöpfel

la pizza

Pizza

la hamburguesa

Hamburgär

el sándwich

Sandwich

el churrasco

Gotlett

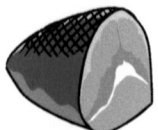

el jamón

Schinkä

el salame

Salami

la salchicha

Würschtli

el pollo

Huehn

el asado

Bratä

el pescado

Fisch

la comida - Läbensmittel

los copos de avena

Haferflocke

el muesli

Müesli

los copos de maíz

Cornflakes

la harina

Mähl

la medialuna

Gipfeli

el pancito

Brötli

el pan

Brot

la tostada

Toscht

las galletitas

Guetzli

la manteca

Butter

la cuajada

Quark

la torta

Chueche

el huevo

Ei

el huevo frito

Spiegelei

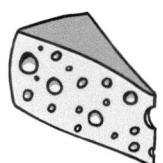

el queso

Chäs

el helado

Glace

el azúcar

Zucker

la miel

Honig

la mermelada

Gonfi

la pasta de chocolate

Nougat-Creme

el curry

Curry

la granja
Buurehof

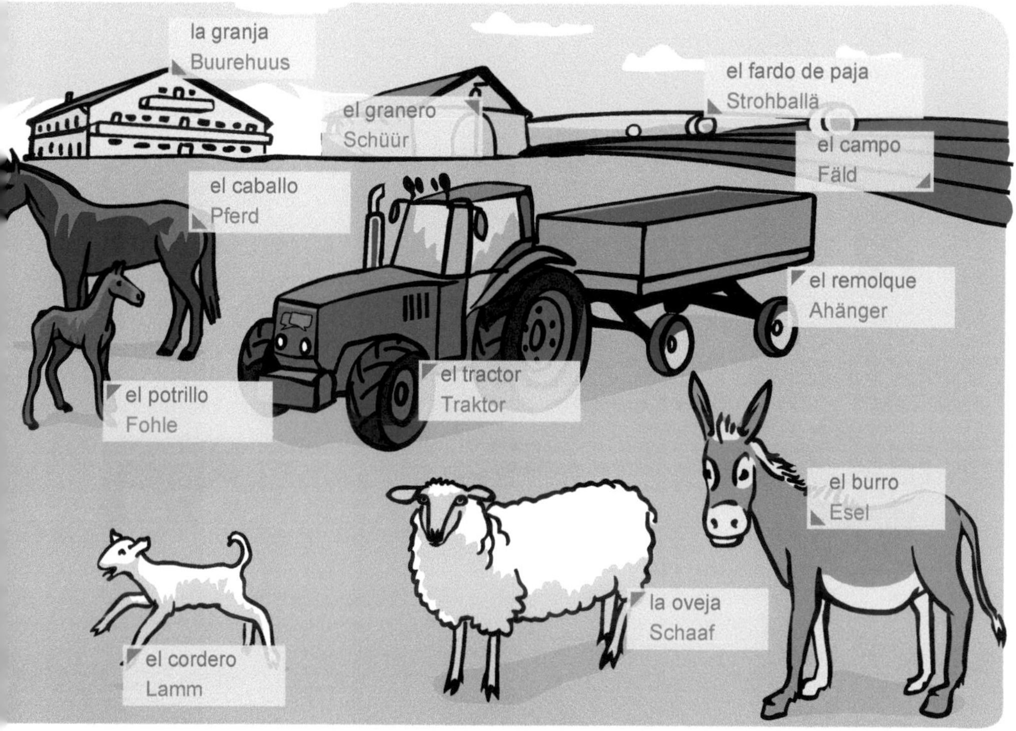

la granja
Buurehuus
el granero
Schüür
el fardo de paja
Strohballä
el campo
Fäld
el caballo
Pferd
el remolque
Ahänger
el tractor
Traktor
el potrillo
Fohle
el burro
Esel
la oveja
Schaaf
el cordero
Lamm

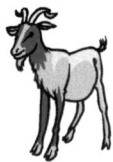

la cabra
Geiss

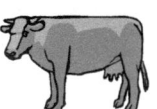

la vaca
Chueh

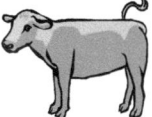

el ternero
Chalb

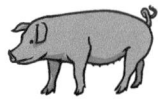

el cerdo
Sau

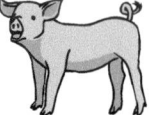

el lechón
Ferkel

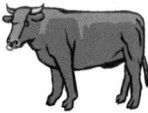

el toro
Rind

el ganso
Gans

el pato
Änte

el pollo
Küke

la gallina
Huähn

el gallo
Güggel

la rata
Ratte

el gato
Chatz

el ratón
Muus

el buey
Ochse

el perro
Hund

la cucha
Hundehütte

la manguera
Garteschluuch

la regadera
Giesschanne

la guadaña
Sägese

el arado
Pflueg

la hoz
Sichel

la azada
Hacke

la horquilla
Heugable

el hacha
Axt

la carretilla
Garette

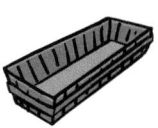

el abrevadero
Trog

la lechera
Milchchanne

la bolsa
Sack

la reja
Haag

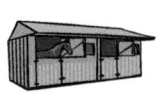

el establo
Gadä

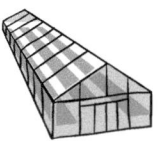

el invernadero
Gwächshuus

el suelo
Bode

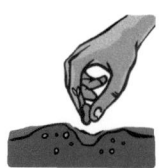

la semilla
Soome

el fertilizador
Dünger

la cosechadora
Mähdrescher

cosechar

ärnte

la cosecha

Ärnte

las batatas

Yamswurzle

el trigo

Weize

la soja

Soja

la papa

Härdöpfel

el maíz

Mais

la semilla de colza

Raps

el árbol frutal

Obstbaum

la mandioca

Maniok

los cereales

Getreide

la casa
Huus

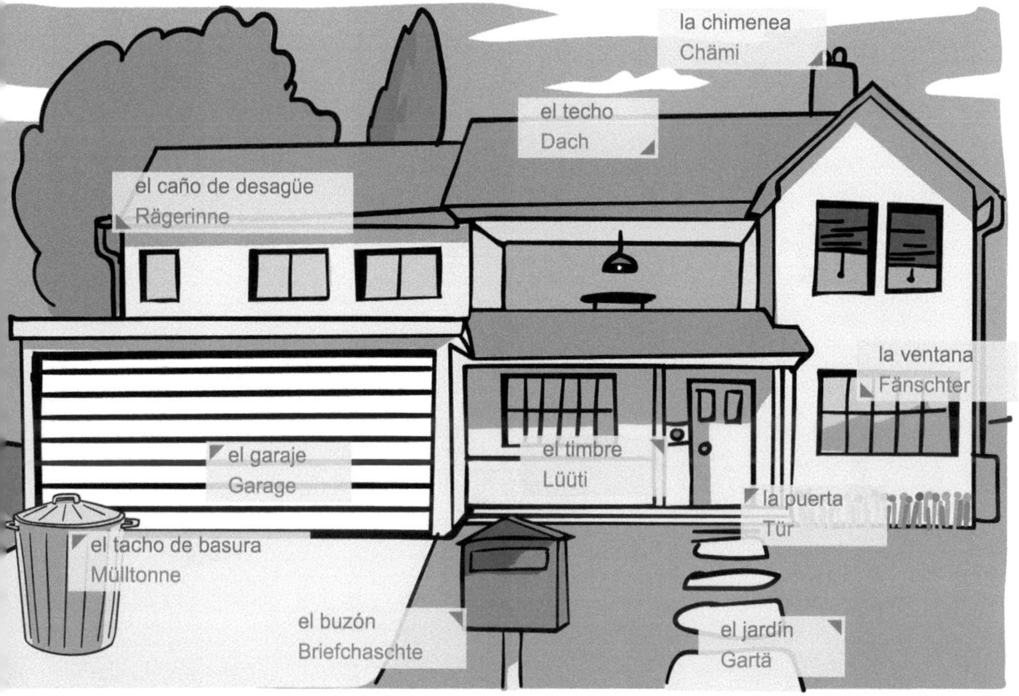
la chimenea
Chämi
el techo
Dach
el caño de desagüe
Rägerinne
la ventana
Fänschter
el garaje
Garage
el timbre
Lüüti
la puerta
Tür
el tacho de basura
Mülltonne
el buzón
Briefchaschte
el jardín
Gartä

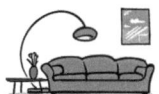

el living
Stubä

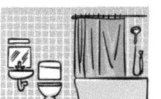

el baño
Badzimmer

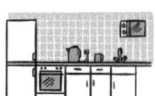

la cocina
Chuchi

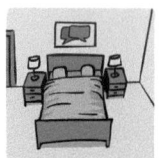

el dormitorio
Schlofzimmer

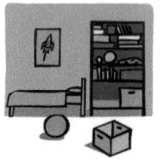

el cuarto de los chicos
Chinderzimmer

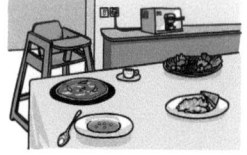

el comedor
Ässzimmer

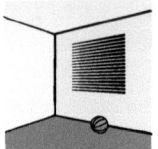

el piso

Bodä

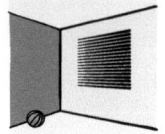

la pared

Wand

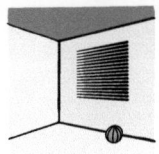

el cielorraso

Decki

el sótano

Chäller

el sauna

Sauna

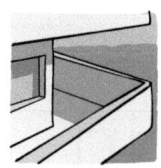

el balcón

Balkon

la terraza

Terasse

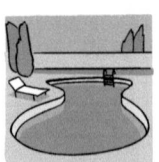

la pileta

Pool

la cortadora de pasto

Rasemäier

la sábana

Bettbezug

el acolchado

Bettdecki

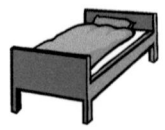

la cama

Bett

la escoba

Bäse

el balde

Chübel

el interruptor

Schalter

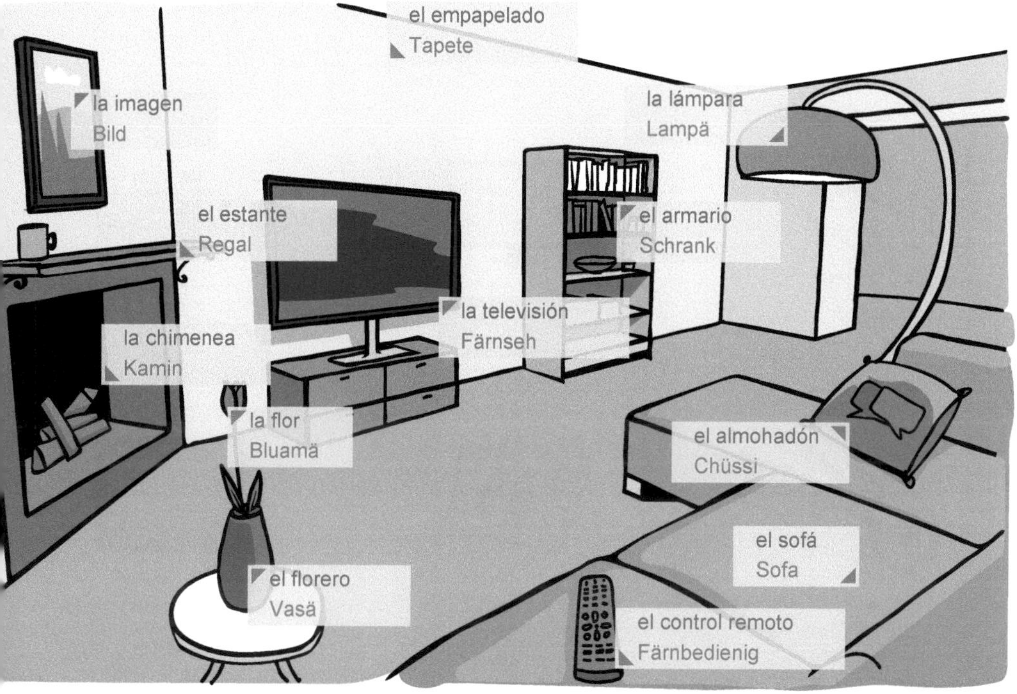

el empapelado
Tapete

la imagen
Bild

la lámpara
Lampä

el estante
Regal

el armario
Schrank

la chimenea
Kamin

la televisión
Färnseh

la flor
Bluamä

el almohadón
Chüssi

el sofá
Sofa

el florero
Vasä

el control remoto
Färnbedienig

la alfombra
Teppich

la cortina
Vorhang

la mesa
Tisch

la silla
Stuehl

la mecedora
Schaukelstuehl

el sillón
Sässel

el libro

Buech

la frazada

Decki

la decoración

Dekoration

la leña

Füürholz

la película

Film

el equipo de música

Stereoahlag

la llave

Schlüssel

el diario

Ziitig

la pintura

Bild

el póster

Poster

la radio

Radio

el cuaderno

Notizblock

la aspiradora

Staubsuuger

el cactus

Kaktus

la vela

Chärze

la cocina
Chuchi

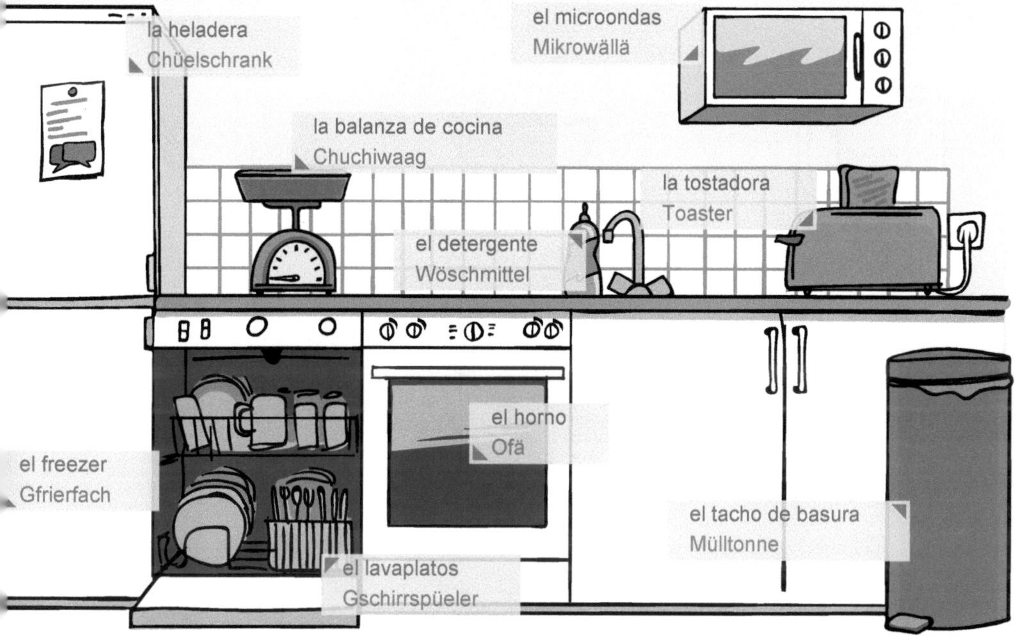

la heladera
Chüelschrank
el microondas
Mikrowällä
la balanza de cocina
Chuchiwaag
la tostadora
Toaster
el detergente
Wöschmittel
el horno
Ofä
el freezer
Gfrierfach
el tacho de basura
Mülltonne
el lavaplatos
Gschirrspüeler

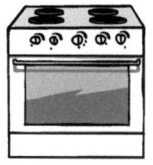

la cocina

Härd

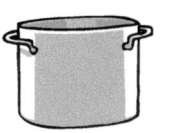

la olla

Topf

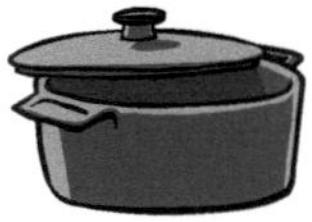

la olla de hierro fundido

Iisetopf

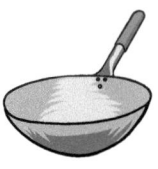

el wok

Wok / Kadai

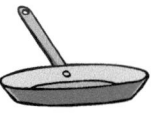

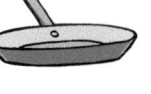

la sartén

Pfanne

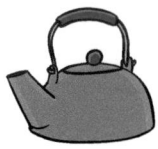

la pava

Wasserchocher

la vaporera

Dampfer

la bandeja de horno

Bachbläch

la vajilla

Gschirr

la taza

Bächer

el bol

Schale

los palitos

Stäbli

el cucharón

Suppechellä

la espátula

Pfannewänder

la batidora

Schneebäse

el colador

Sieb

el colador

Sieb

el rallador

Raffle

el mortero

Mörser

la parrilla

Grill

la fogata

Füürstell

la tabla de picar

Schniidbrätt

el palo de amasar

Nudelholz

el sacacorchos

Korkäzieher

la lata

Dosä

el abrelatas

Dosäöffner

la manopla

Topflappä

la pileta

Wöschbecki

el cepillo

Bürste

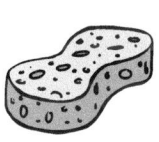

la esponja

Schwumm

la batidora

Mixer

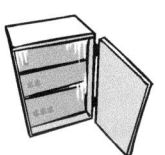

el congelador

Gfrierschrank

la mamadera

Babyfläschli

la canilla

Hahnä

el baño
Badzimmer

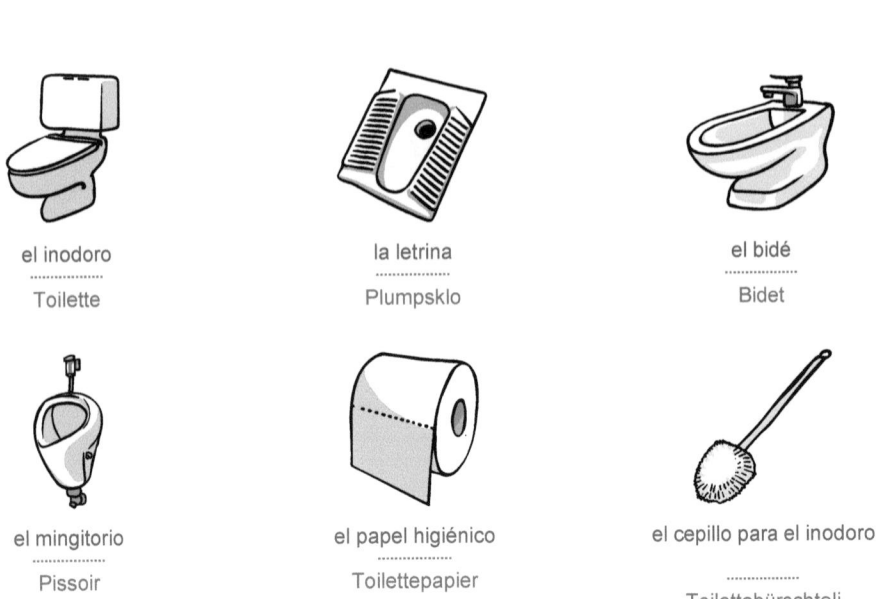

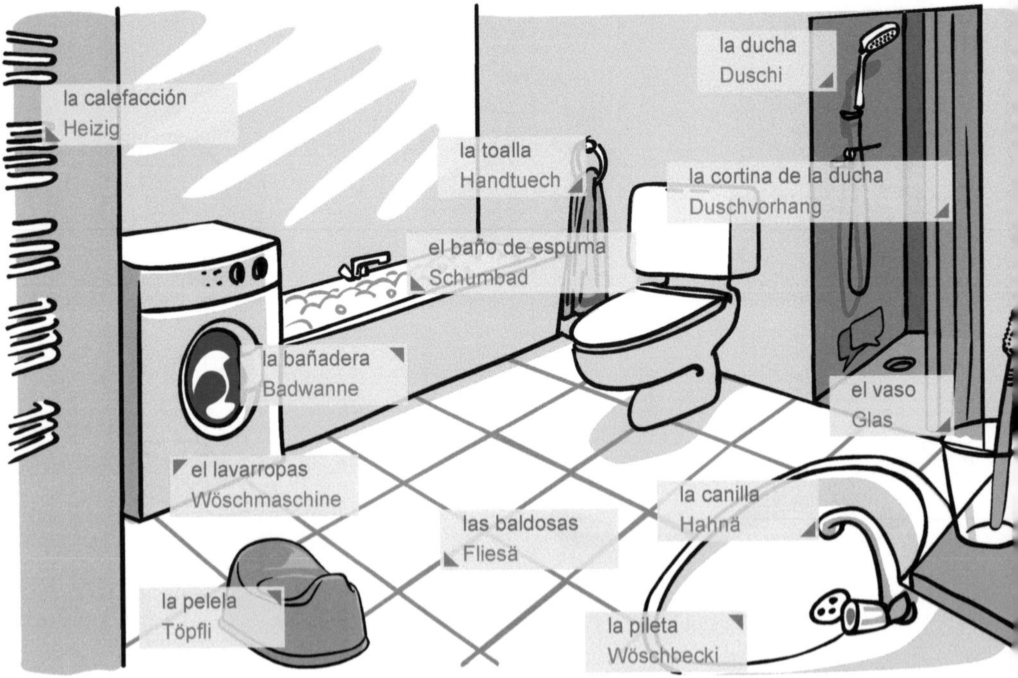
la ducha
Duschi
la calefacción
Heizig
la toalla
Handtuech
la cortina de la ducha
Duschvorhang
el baño de espuma
Schumbad
la bañadera
Badwanne
el vaso
Glas
el lavarropas
Wöschmaschine
la canilla
Hahnä
las baldosas
Fliesä
la pelela
Töpfli
la pileta
Wöschbecki

el inodoro

Toilette

la letrina

Plumpsklo

el bidé

Bidet

el mingitorio

Pissoir

el papel higiénico

Toilettepapier

el cepillo para el inodoro

Toilettebürschteli

el cepillo de dientes

Zahbürstä

el dentífrico

Zahpasta

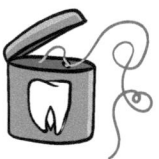

el hilo dental

Zahnsiide

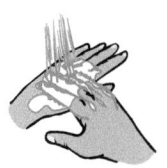

lavar

wäsche

la ducha de mano

Handduschi

la ducha higiénica

Intiimduschi

la palangana

Wöschbecki

el cepillo para la espalda

Ruggäbürste

el jabón

Seifä

el gel de ducha

Duschgel

el shampoo

Shampoo

la toallita

Waschlappä

el desagüe

Abfluss

la crema

Creme

el desodorante

Deo

el espejo

Spiegel

el espejito

Handspiegel

la maquinita de afeitar

Rasierer

la espuma de afeitar

Rasierschuum

el aftershave

Aftershave

el peine

Schträäl

el cepillo

Bürstä

el secador de pelo

Föhn

el spray

Hoorspray

el maquillaje

Makeup

el lápiz de labios

Lippestift

el esmalte para uñas

Nagellack

el algodón

Wattä

la tijera para uñas

Nagelscher

el perfume

Parfum

el portacosméticos

Necessaire

la banqueta

Schemel

la balanza

Waag

la bata

Badmantel

los guantes de goma

Gummihändscheh

el tampón

Tampon

la toallita femenina

Damebinde

el baño químico

chemischi Toilette

el cuarto de los chicos

Chinderzimmer

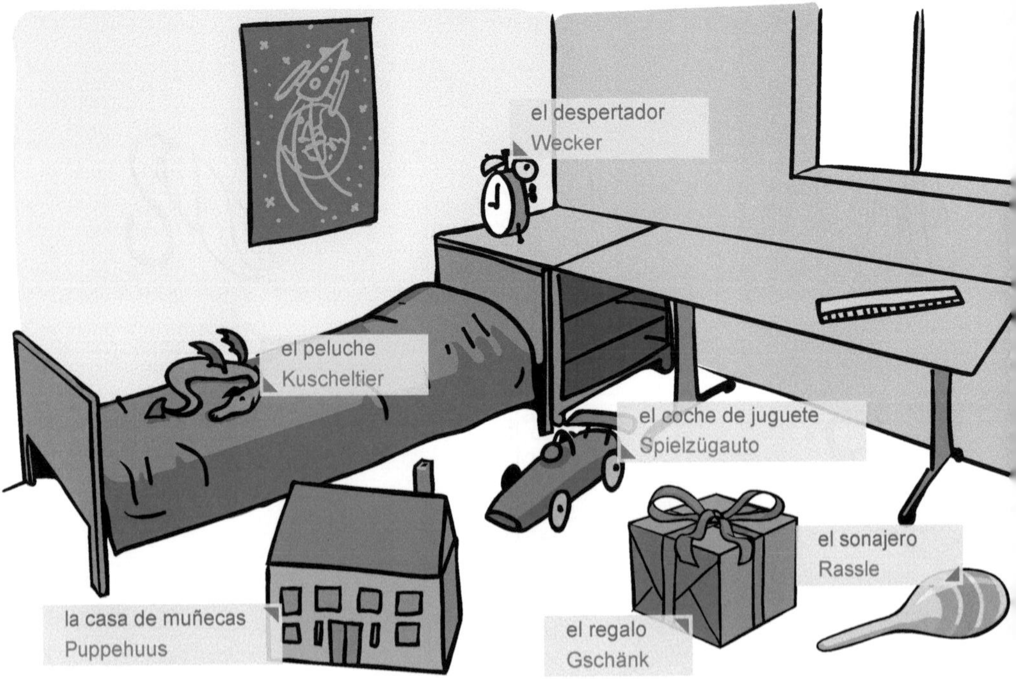

el despertador
Wecker
el peluche
Kuscheltier
el coche de juguete
Spielzügauto
el sonajero
Rassle
la casa de muñecas
Puppehuus
el regalo
Gschänk

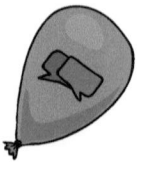

el globo

Ballon

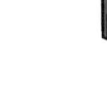

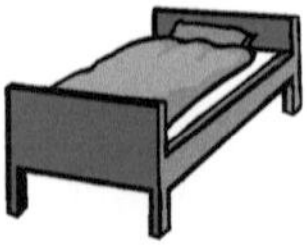

la cama

Bett

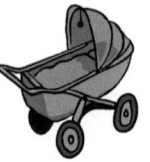

el cochecito

Chinderwage

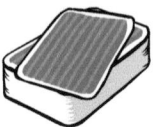

las cartas

Chartespiel

el rompecabezas

Puzzle

SUPER MEGA

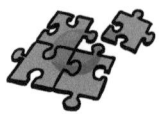

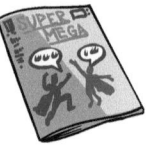

la historieta

Comic

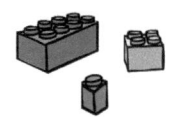

las piezas de lego
....
Legos

los ladrillos de juguete
....
Baustei

la figura de acción
....
Action Figur

el enterito (de bebé)
....
Strampli

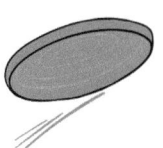
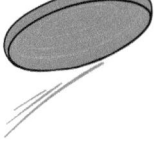

el frisbee
....
Frisbee

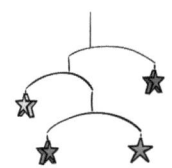

el móvil para bebés
....
Mobile

el juego de mesa
....
Brättspiel

los dados
....
Würfäl

el tren eléctrico
....
Modellisebahn

el chupete
....
Nuggi

la fiesta
....
Party

el libro de cuentos ilustrado
....
Bilderbuch

la pelota
....
Ball

la muñeca
....
Puppä

jugar
....
spiele

el arenero

Sandchaschte

la hamaca

Gigampfi

los juguetes

Spielzüg

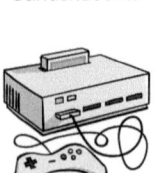

la consola de videojuegos

Videospielkonsole

el triciclo

Dreirad

el osito de peluche

Teddy

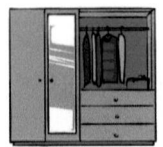

el armario

Chleiderschrank

la ropa

Chleidig

las medias

Sockä

las medias panty

Strümpf

las calzas

Strumpfhosä

la bufanda
Schal

el cinturón
Gürtel

el paraguas
Rägeschirm

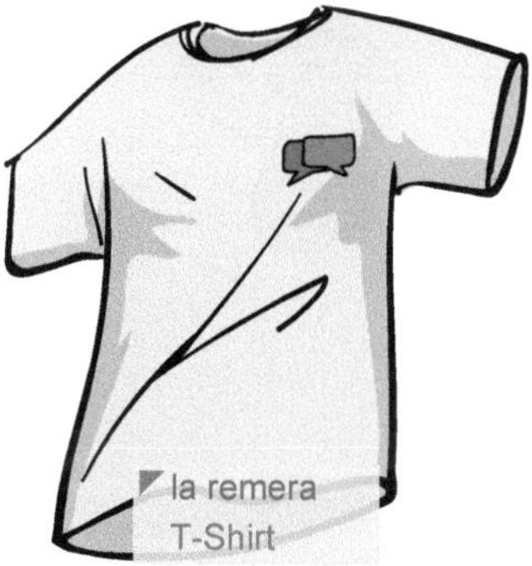

la remera
T-Shirt

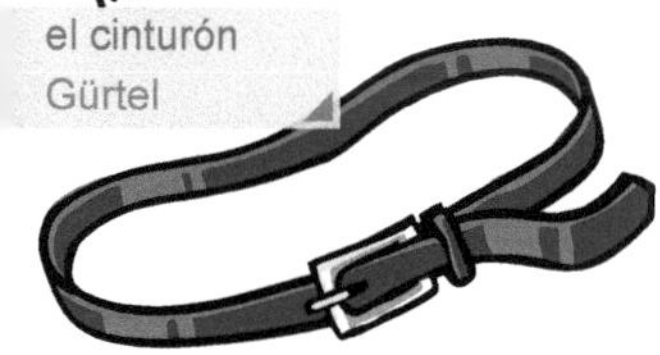

las zapatillas
Turnschueh

las botas
Stiefel

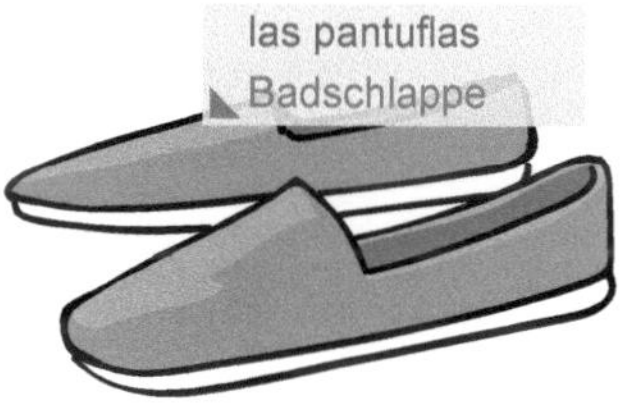

las pantuflas
Badschlappe

las sandalias
Sandalä

los zapatos
Schueh

las botas de goma
Gummistiefel

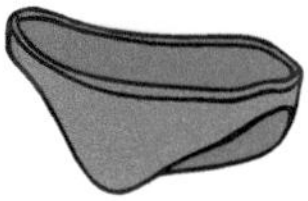

la ropa interior
Untrhosä

el corpiño
BH

el chaleco
Underlibli

el body
....
Body

los pantalones
....
Hosä

los jeans
....
Jeans

la pollera
....
Rock

la blusa
....
Bluse

la camisa
....
Hömli

el pulóver
....
Pulli

el buzo
....
Kapuzepulli

el blazer
....
Blazer

la campera
....
Jacke

el tapado
....
Mantel

el piloto
....
Rägämantel

el traje
....
Chostüm

el vestido
....
Chleid

el vestido de novia
....
Hochziitskleid

la ropa - Chleidig

el traje

Ahzug

el camisón

Nachthömli

el pijama

Pyjama

el sari

Sari

el pañuelo para la cabeza

Chopftuäch

el turbante

Turban

la burka

Burka

el caftán

Kaftan

la abaya

Abaya

el traje de baño

Badchleid

el short de baño

Badhose

los shorts

churzi Hosä

el jogging

Trainer

el delantal

Schürze

los guantes

Händsche

el botón

Chnopf

los anteojos

Brüllä

la pulsera

Armband

el collar

Chetti

el anillo

Ring

el aro

Ohrering

la gorra

Chappe

la percha

Chleiderbügel

el sombrero

Huet

la corbata

Grawattä

el cierre

Riissverschluss

el casco

Helm

los tiradores

Hosäträger

el uniforme escolar

Schueluniform

el uniforme

Uniform

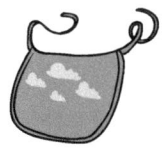

el babero

Lätzli

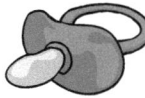

el chupete

Nuggi

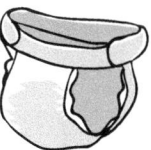

el pañal

Windle

la oficina

Büro

el servidor
Server
el archivero
Akteschrank
el papel
Papier
la impresora
Drucker
el monitor
Monitor
el escritorio
Schribtisch
el mouse
Muus
la carpeta
Ordner
el teclado
Taschtatur
el tacho (de basura)
Papierchorb
la computadora
Computer
la silla
Stuehl

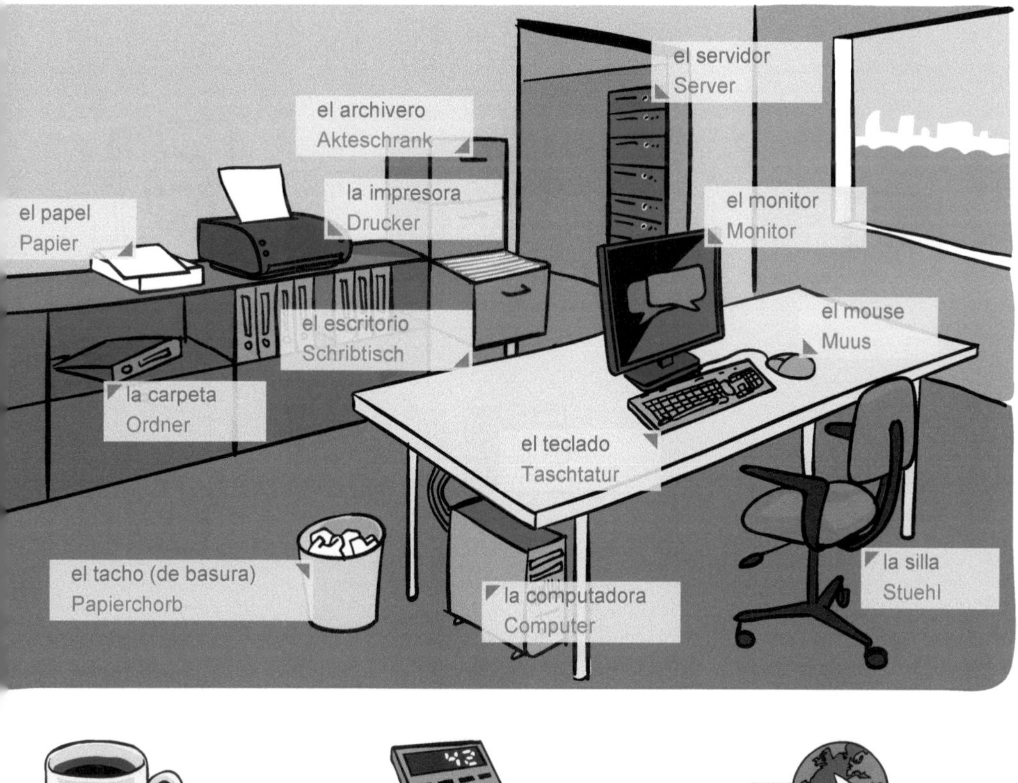

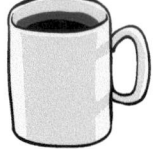

la taza de café

Kafibächer

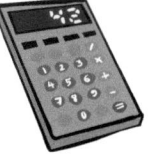

la calculadora

Tascherächner

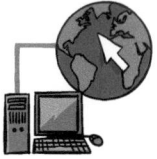

el internet

Internet

la laptop

Laptop

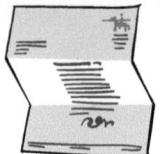

la carta

Brief

el mensaje

Nochricht

el celular

Mobiltelefon

la red

Netzwärk

la fotocopiadora

Kopierer

el software

Software

el teléfono

Telefon

el tomacorriente

Steckdosä

el fax

Fax

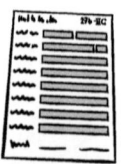

el formulario

Formular

el documento

Dokumänt

comprar

chaufe

pagar

zahle

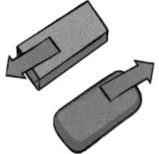

hacer negocios

handle

el dinero

Gäld

el dólar

Dollar

el euro

Euro

el yen

Yen

el rublo

Rubel

el franco suizo

Frankä

el yuan

Renminbi Yuan

la rupia

Rupie

el cajero automático

Gäldautomat

la casa de cambio

Wächselstube

el oro

Gold

la plata

Silber

el petróleo

Öl

la energía

Energie

el precio

Priis

el contrato

Vertrag

el impuesto

Stüür

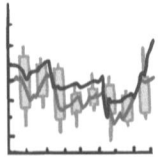

la acción

Aktie

trabajar

schaffe

el empleado

Mitarbeiter

el empleador

Arbeitgeber

la fábrica

Fabrik

el negocio

Gschäft

las ocupaciones
Brüef

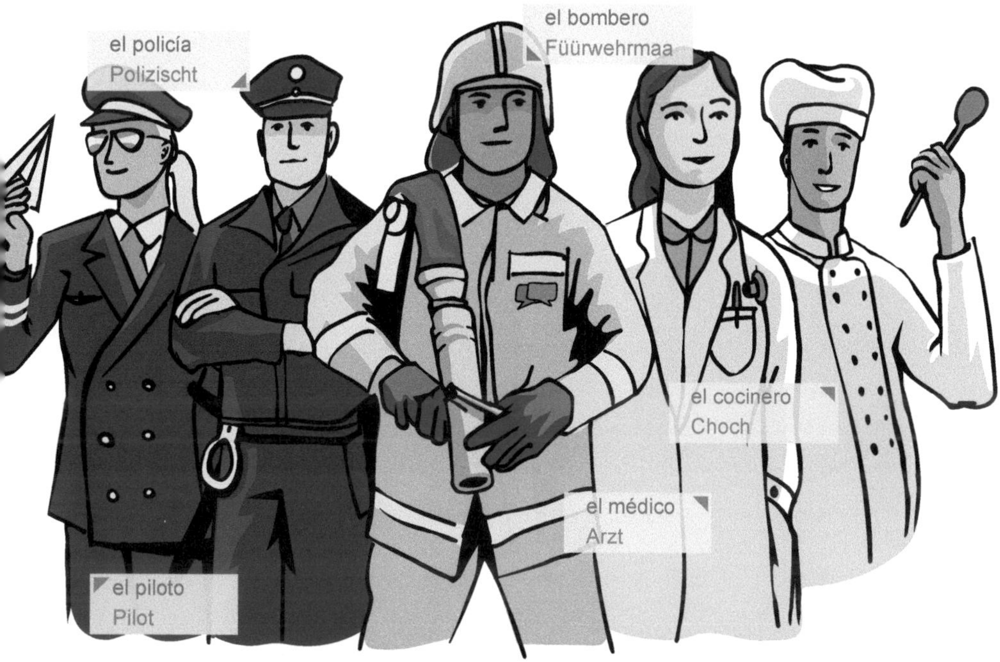

el policía
Polizischt
el bombero
Füürwehrmaa
el cocinero
Choch
el médico
Arzt
el piloto
Pilot

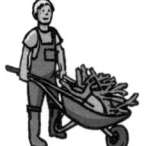

el jardinero

Gärtner

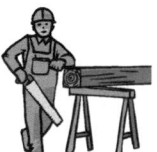

el carpintero

Zimmermah

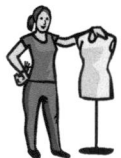

la modista

Näheri

el juez

Richter

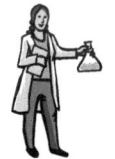

el farmacéutico

Chemiker

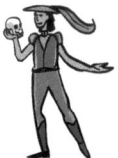

el actor

Darsteller

el colectivero

Busfahrer

el taxista

Taxifahrer

el pescador

Fischer

la mucama

Putzfrau

el techista

Dachdecker

el mozo

Chällner

el cazador

Jäger

el pintor

Moler

el panadero

Bäcker

el electricista

Elektriker

el albañil

Bauarbeiter

el ingeniero

Ingenieur

el carnicero

Schlachter

el plomero

Klämpner

el cartero

Pöschtler

el soldado

Soldat

el arquitecto

Architekt

el cajero

Kassierer

el florista

Florischt

el peluquero

Frisör

el cobrador

Kontrolleur

el mecánico

Mechaniker

el capitán

Kapitän

el dentista

Zahnarzt

el científico

Wüsseschaftler

el rabino

Rabbi

el imán

Imam

el monje

Mönch

el sacerdote

Pfarrer

las herramientas

Werkzüüg

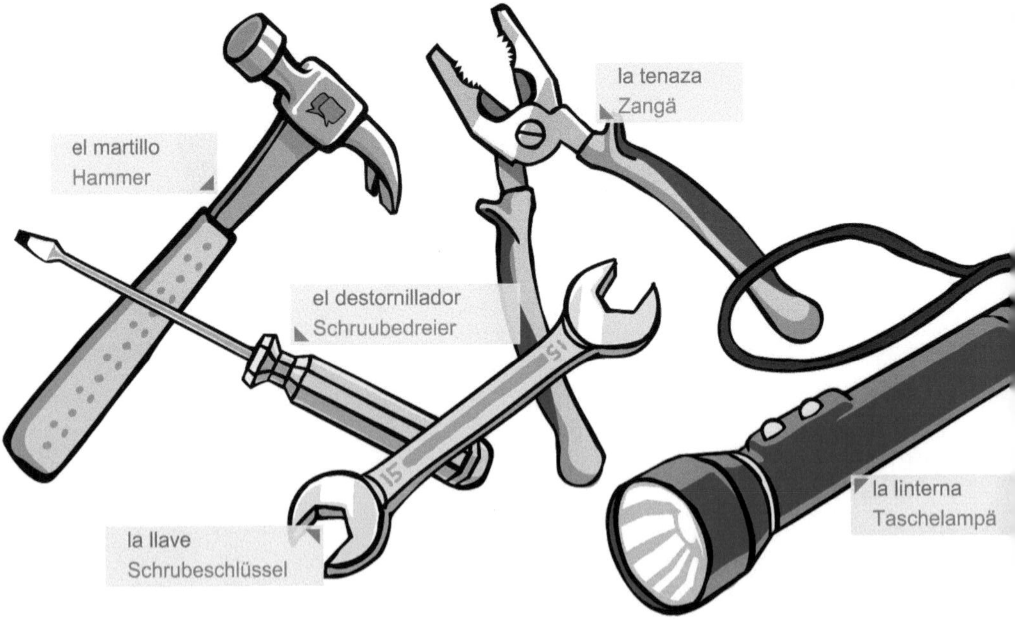
la tenaza
Zangä
el martillo
Hammer
el destornillador
Schruubedreier
la llave
Schrubeschlüssel
la linterna
Taschelampä

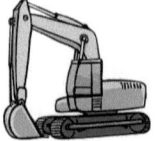

la excavadora

Bagger

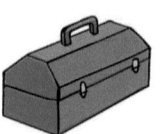

la caja de herramientas

Werkzüügchaschte

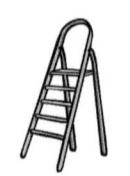

la escalera portátil

Leitere

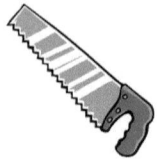

la sierra

Sagi

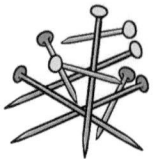

los clavos

Negel

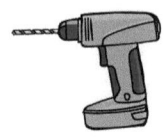

el taladro

Bohrer

arreglar

flicke

la pala de jardín

Schufle

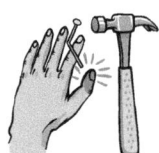

¡Qué bronca!

Mischt!

la pala de plástico

Ascheschufle

el tacho de pintura

Farbchübel

los tornillos

Schruube

los instrumentos musicales
Musiginstrumänt

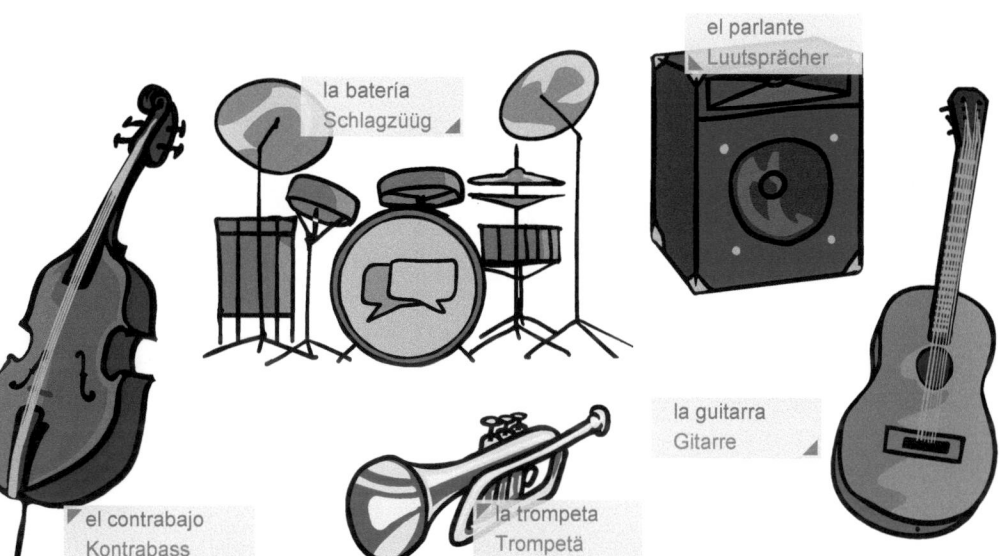

el parlante
Luutsprächer

la batería
Schlagzüüg

la guitarra
Gitarre

el contrabajo
Kontrabass

la trompeta
Trompetä

el piano

Klavier

el violín

Violine

el bajo

Bass

los timbales

Pauke

el tambor

Trummle

el teclado

Keyboard

el saxofón

Saxophon

la flauta

Flöte

el micrófono

Mikrofon

el tigre
Tiger

la entrada
Iigang

la jaula
Chäfig

la cebra
Zebra

el alimento para animales
Tierfueter

el oso panda
Pandabär

los animales
Tier

el rinoceronte
Nashorn

el elefante
Elefant

el gorila
Gorilla

el canguro
Känguru

el oso
Bär

el camello

Kamel

el avestruz

Struss

el león

Leu

el mono

Aff

el flamenco

Flamingo

el loro

Papagei

el oso polar

lisbär

el pingüino

Pinguin

el tiburón

Hai

el pavo real

Pfau

la serpiente

Schlangä

el cocodrilo

Krokodil

el cuidador del zoológico

Zoowärter

la foca

Robbä

el jaguar

Jaguar

el poni

Pony

el leopardo

Leopard

el hipopótamo

Nilpfärd

la jirafa

Giraff

el águila

Adler

el jabalí

Wildschwein

el pescado

Fisch

la tortuga

Schildkrot

la morsa

Walross

el zorro

Fuchs

la gacela

Gazelle

los deportes
Sport

el fútbol americano
American Football

el ciclismo
Velofahre

el tenis
Tennis

el básquet
Basketball

la natación
Schwümmä

el boxeo
Boxä

el hockey sobre hielo
Iishockey

el fútbol
....
Fuessball

el bádminton
....
Badminton

el atletismo
....
Liechtathletik

el handball
....
Handball

el esquí
....
Skifahre

el polo
....
Polo

las actividades
Aktivitäte

saltar
springä
abrazar
umarme
reír
lachä
caminar
gah
cantar
singe
soñar
troime
rezar
bätte
besar
küssä

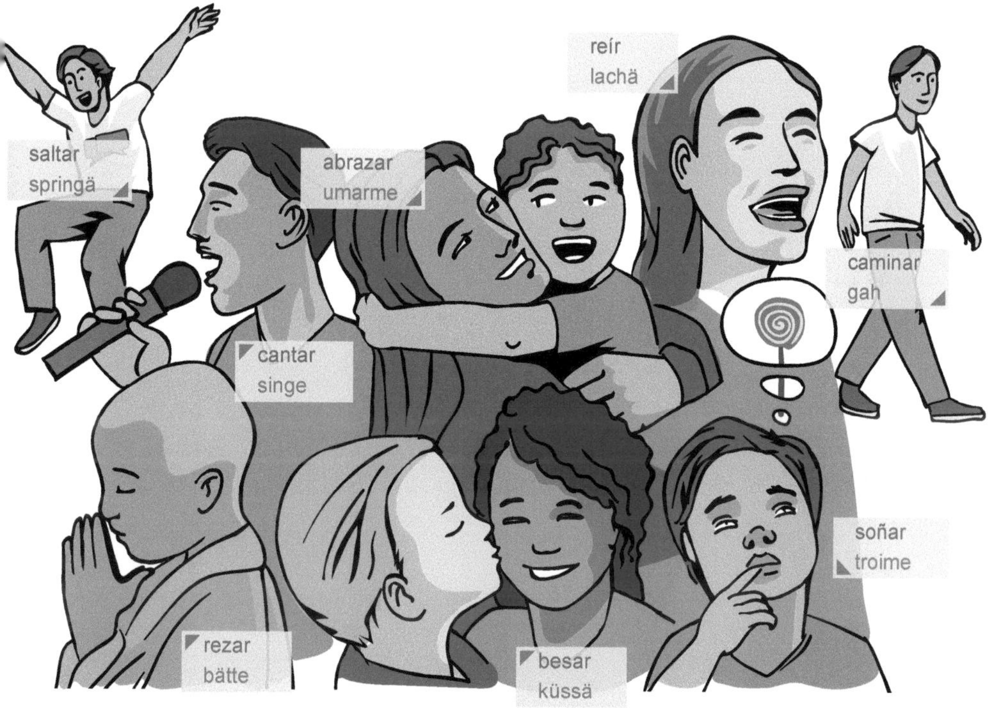

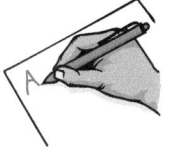

escribir

schribe

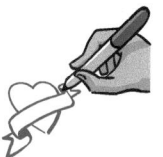

dibujar

zeichne

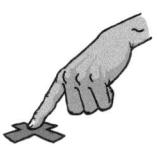

mostrar

zeige

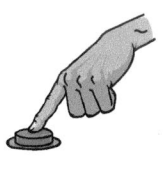

presionar

schiebe

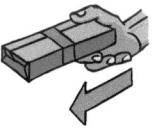

dar

gäh

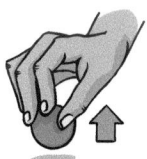

tomar

näh

tener

händ

hacer

mache

ser

sy

estar parado

stah

correr

laufe

tirar

zieh

tirar

rüerä

caer

fallä

estar acostado

ligge

esperar

warte

llevar

träge

estar sentado

sitze

vestirse

ahzieh

dormir

schlafe

despertar

ufwache

mirar

ahluege

llorar

brüele

acariciar

striichle

peinar

bürste

hablar

redä

entender

verschtah

preguntar

froog

escuchar

lose

beber

trinke

comer

ässe

ordenar

ufruume

amar

liebe

cocinar

chochä

manejar

fahre

volar

flüge

navegar

segle

calcular

rächne

leer

läse

aprender

leerä

trabajar

schaffe

casarse

hürate

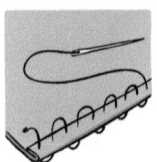

coser

näije

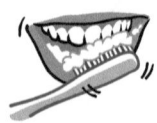

cepillarse los dientes

Zäh putze

matar

töte

fumar

schlootä

enviar

sände

la familia
Familiä

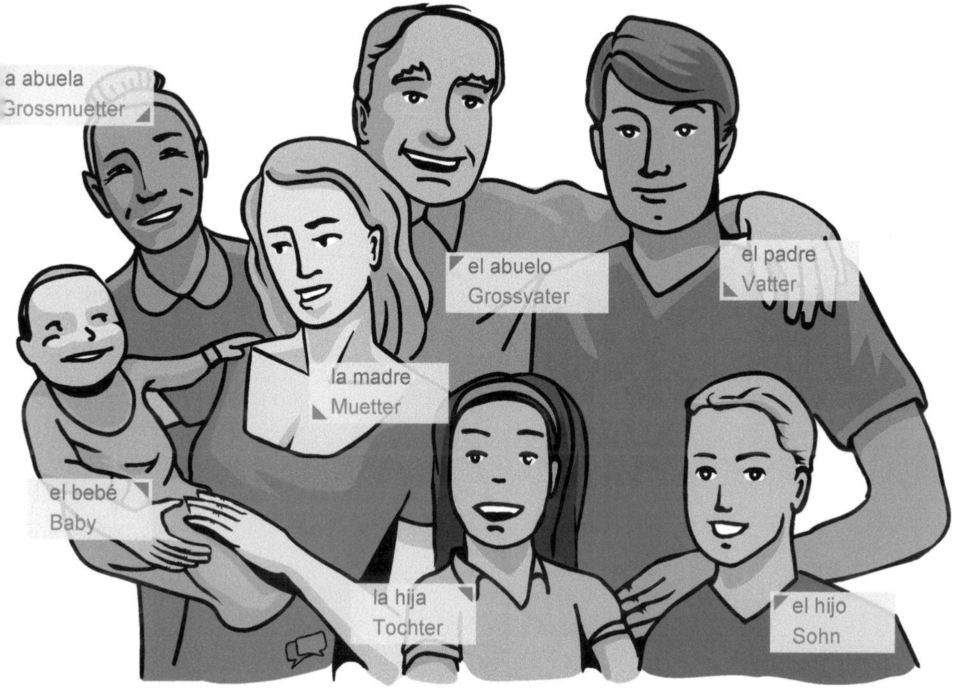

a abuela
Grossmuetter
el abuelo
Grossvater
el padre
Vatter
la madre
Muetter
el bebé
Baby
la hija
Tochter
el hijo
Sohn

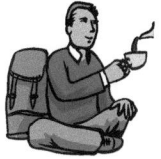

el invitado

Gast

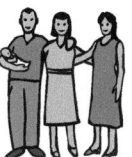

la tía

Tante

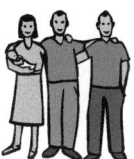

el tío

Unkel

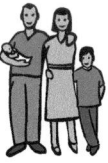

el hermano

Brüeder

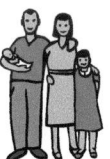

la hermana

Schwöschter

el cuerpo
Körpär

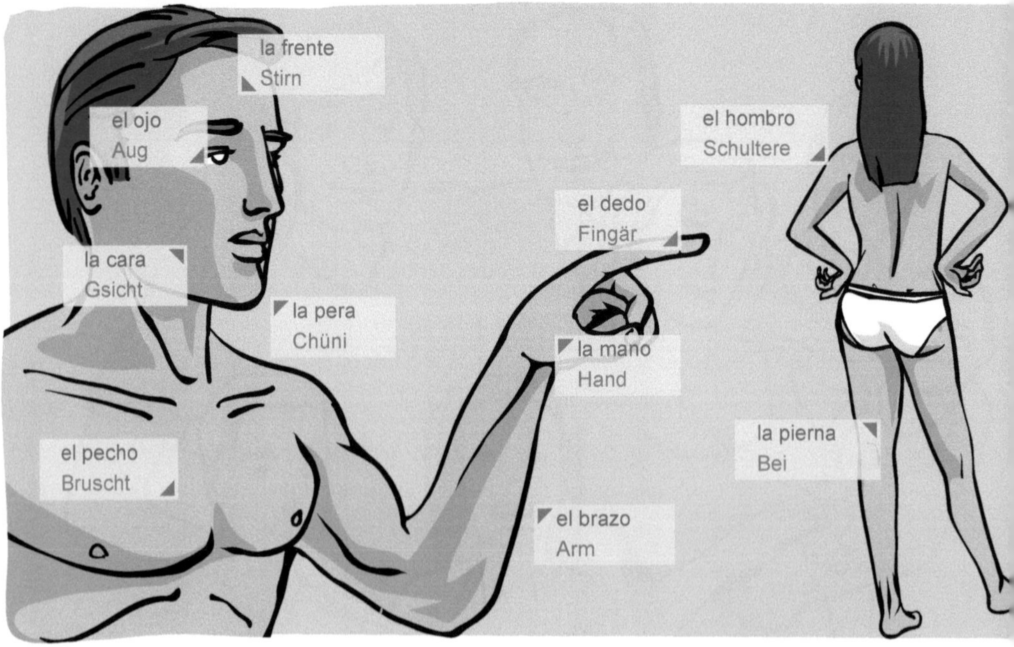

la frente
Stirn
el ojo
Aug
el hombro
Schultere
el dedo
Fingär
la cara
Gsicht
la pera
Chüni
la mano
Hand
la pierna
Bei
el pecho
Bruscht
el brazo
Arm

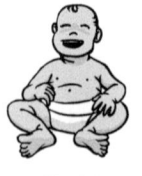

el bebé

Baby

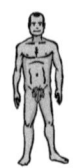

el hombre

Mah

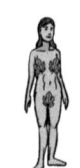

la mujer

Frau

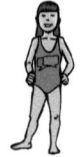

la nena

Meitli

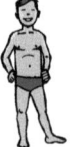

el nene

Bueb

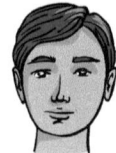

la cabeza

Chopf

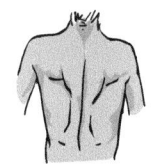

la espalda

Ruggä

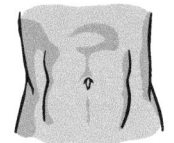

la panza

Buuch

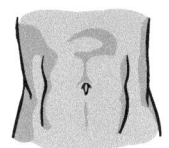

el ombligo

Buchnabel

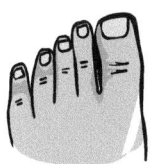

el dedo del pie

Zäche

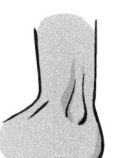

el talón

Fersä

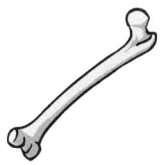

el hueso

Knoche

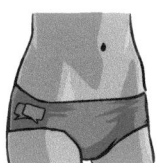

la cadera

Hüfte

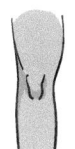

la rodilla

Chnü

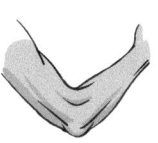

el codo

Ellbogä

la nariz

Nase

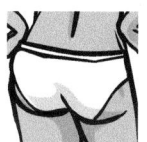

la cola

Füdli

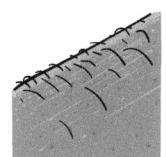

la piel

Hut

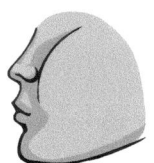

el cachete

Bagge

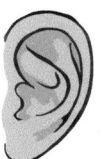

la oreja

Ohr

el labio

Lippe

la boca

Muul

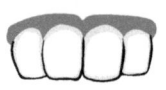

el diente

Zah

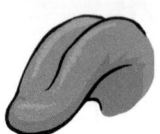

la lengua

Zungä

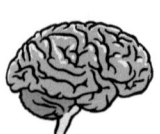

el cerebro

Hirni

el corazón

Härz

el músculo

Muskel

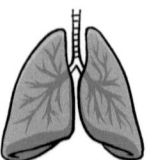

el pulmón

Lungä

el hígado

Läberä

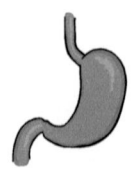

el estómago

Magen

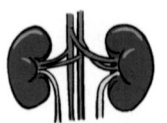

los riñones

Nierä

el sexo

Gschlächtsvrkehr

el preservativo

Kondom

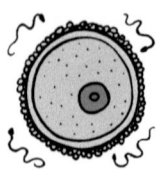

el óvulo

Eizälle

el semen

Soome

el embarazo

Schwangerschaft

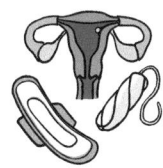

la menstruación

Menstruation

la vagina

Vagina

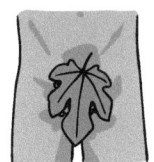

el pene

Penis

la ceja

Augebrauä

el pelo

Haar

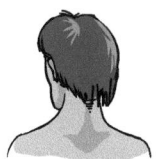

el cuello

Hals

el hospital
Spital

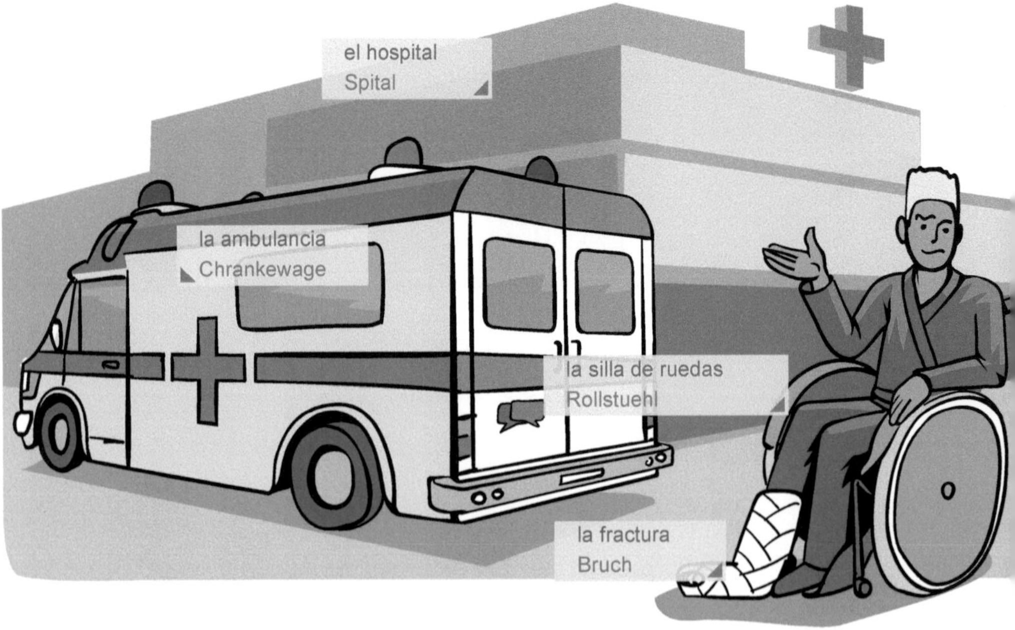

el hospital
Spital
la ambulancia
Chrankewage
la silla de ruedas
Rollstuehl
la fractura
Bruch

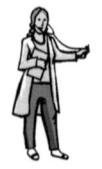

el médico
Arzt

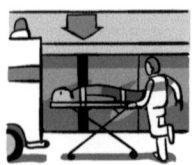

la sala de guardia
Notufnahm

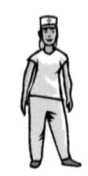

la enfermera
Chrankeschwöschter

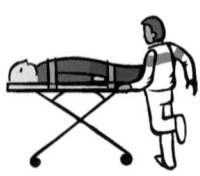

la emergencia
Notfall

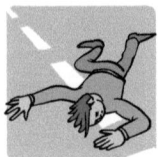

inconsciente
ohnmächtig

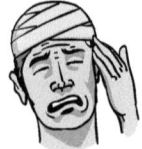

el dolor
Schmärz

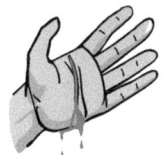

la lesión
....
Verletzig

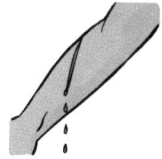

la hemorragia
....
Bluätig

el infarto
....
Härzinfarkt

el ACV
....
Schlagahfall

la alergia
....
Allergie

la tos
....
Hueschtä

la fiebre
....
Fieber

la gripe
....
Grippe

la diarrea
....
Durchfall

el dolor de cabeza
....
Kopfschmärze

el cáncer
....
Kräbs

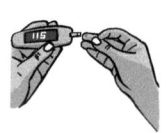

la diabetes
....
Diabetes

el cirujano
....
Chirurg

el bisturí
....
Skalpell

la operación
....
Operation

la TC

CT

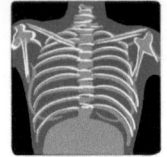

los rayos x

Röntgä

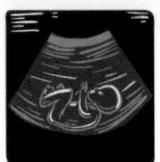

la ecografía

Ultraschall

el barbijo

Gsichtsmaske

la enfermedad

Krankhet

la sala de espera

Wartezimmer

la muleta

Krückä

la curita

Pflaster

la venda

Vrband

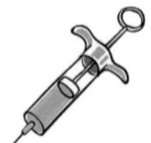

la inyección

Injektion

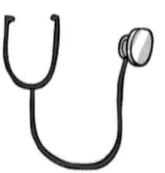

el estetoscopio

Stethoskop

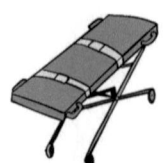

la camilla

Trage

el termómetro

Thermometer

el nacimiento

Geburt

el sobrepeso

Übergwicht

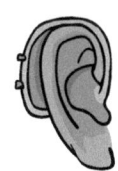

el audífono

Hörgrät

el desinfectante

Desinfektionsmittel

la infección

Infektion

el virus

Virus

el VIH / SIDA

HIV / AIDS

el remedio

Medizin

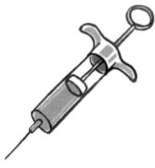

la vacunación

Impfig

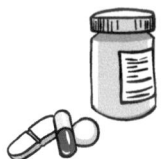

los comprimidos

Tablette

la pastilla anticonceptiva

Pille

llamada de emergencia

Notruef

el tensiómetro

Bluetdruck-Mässgrät

enfermo / sano

chrank / gsund

¡Ayuda!

Hiufe!

la alarma

Alarm

la agresión

Überfall

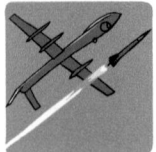

el ataque

Ahgriff

el peligro

Gfohr

la salida de emergencia

Notuusgang

¡Fuego!

Füür!

el matafuego

Füürlöscher

el accidente

Unfall

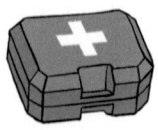

el botiquín de primeros
auxilios

Ersti-Hilf-Koffer

el SOS

SOS

la policía

Polizei

Europa

Europa

América del Norte

Nordamerika

América del Sur

Südamerika

África

Afrika

Asia

Asie

Australia

Auschtralie

el Atlántico

Atlantik

el Pacífico

Pazifik

el Océano Índico

Indische Ozean

el Océano Antártico

Antarktische Ozean

el Océano Ártico

Arktische Ozean

el polo norte

Nordpol

el polo sur

Südpol

la Antártida

Antarktis

la Tierra

Ärde

la tierra

Land

el mar

Meer

la isla

Inslä

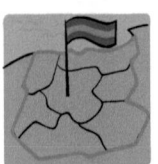

la nación

Nation

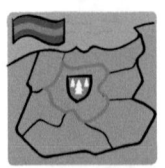

el estado

Staat

la esfera

Ziffereblatt

la manecilla de las horas

Stundezeiger

el minutero

Minutezeiger

el segundero

Sekundezeiger

¿Qué hora es?

Wie spaht isch es?

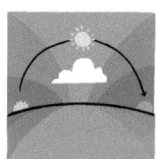

el día

Tag

la hora

Zit

ahora

jetzt

el reloj digital

Digitaluhr

el minuto

Minute

la hora

Stunde

la semana
Wuche

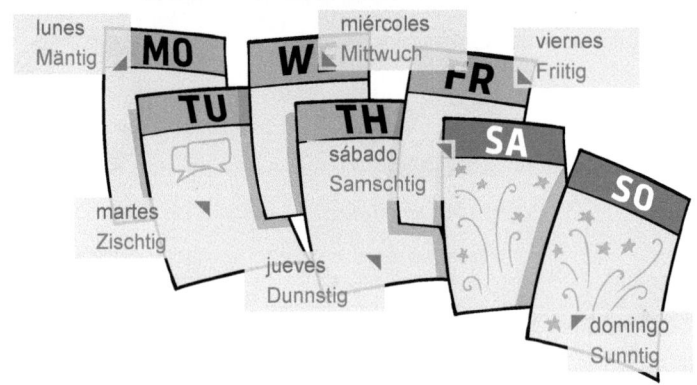

lunes
Mäntig

miércoles
Mittwuch

viernes
Friitig

martes
Zischtig

sábado
Samschtig

jueves
Dunnstig

domingo
Sunntig

ayer

geschter

hoy

hüt

mañana

morn

la mañana

Morgä

el mediodía

Mittag

la tarde

Aabig

los días hábiles

Wärktag

el fin de semana

Wuchenänd

el año

Johr

la lluvia
Räge
el arco iris
Rägeboge
la nieve
Schnee
el viento
Wind
la primavera
Früelig
el otoño
Herbscht
el verano
Summer
el invierno
Winter

4.APRIL 11°
5.APRIL 4°
6.APRIL 13°
7.APRIL 8°
8.APRIL 10°

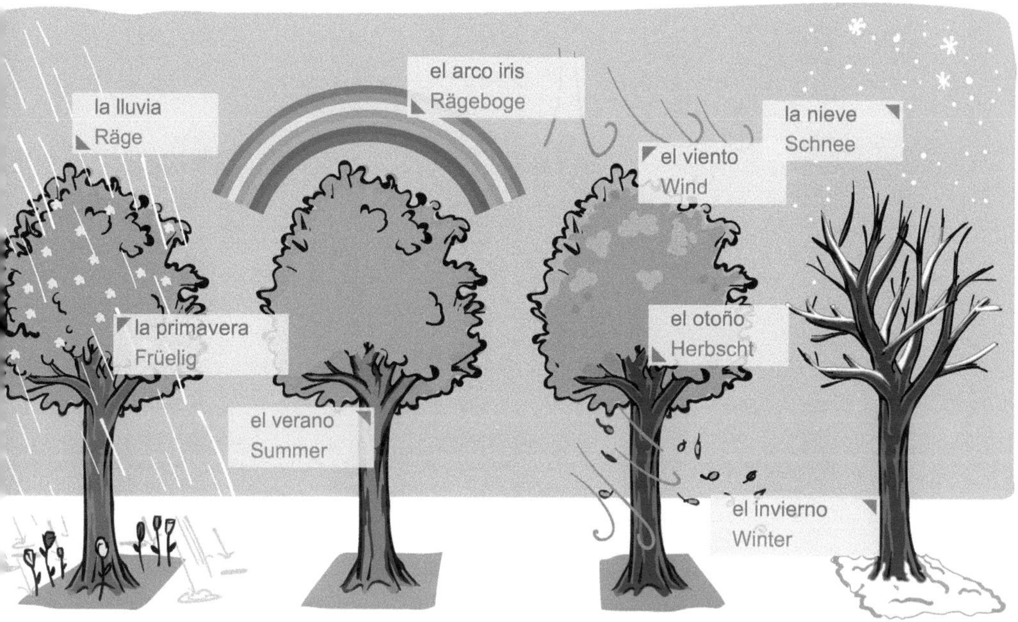

pronóstico meteorológico

Wättervorhärsag

F
C
120
90
60
30
0
-30
40
30
20
10
0
-10
-20

el termómetro

Thermometer

la luz del sol

Sunneschiin

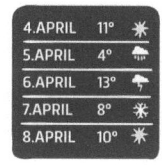

la nube

Wolkä

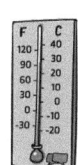

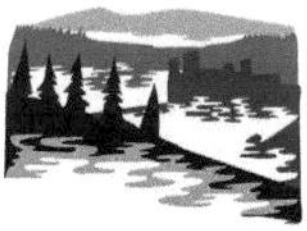

la niebla

Näbel

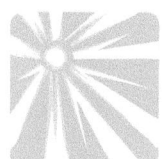

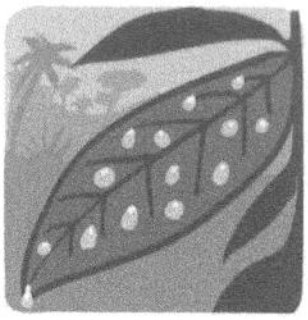

la humedad

Fiechtigkeit

el rayo

Blitz

el trueno

Dunner

la tormenta

Sturm

el granizo

Hagel

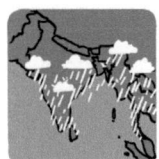

el monzón

Monsun

la inundación

Fluet

el hielo

Iis

enero

Januar

febrero

Februar

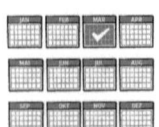

marzo

März

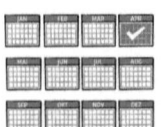

abril

April

mayo

Mai

junio

Juni

julio

Juli

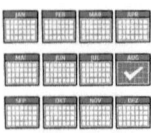

agosto

Auguscht

septiembre

Septämber

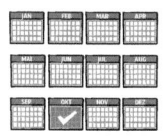

octubre

Oktober

noviembre

Novämber

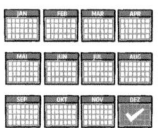

diciembre

Dezämber

las formas
Forme

el círculo

Kreis

el cuadrado

Quadrat

el rectángulo

Rächteck

el triángulo

Dreieck

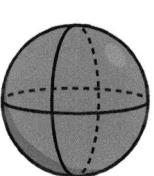

la esfera

Chugele

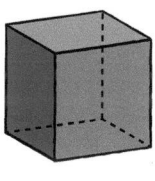

el cubo

Würfel

blanco

wiss

amarillo

gäl

naranja

orange

rosa

pink

rojo

rot

violeta

liila

azul

blau

verde

grüen

marrón

bruun

gris

grau

negro

schwarz

mucho / poco

viel / wenig

enojado / tranquilo

hässig / ruhig

lindo / feo

hübsch / hässlich

el principio / el fin

Ahfang / Ändi

grande / chico

gross / chli

claro / oscuro

hell / dunkel

el hermano / la hermana

Brüeder / Schwöschter

limpio / sucio

suuber / dräckig

completo / incompleto

vollständig / unvollständig

el día / la noche

Tag / Nacht

muerto / vivo

tot / läbig

ancho / angosto

breit / schmal

comestible / no comestible

ässbar / nid ässbar

malo / amable

bös / fründlich

entusiasmado / aburrido

uffreggt / glangwilt

gordo / flaco

dick / dünn

primero / último

zerscht / zletscht

el amigo / el enemigo

Fründ / Find

lleno / vacío

voll / läär

duro / blando

hart / weich

pesado / liviano

schwer / liecht

el hambre / la sed

Hunger / Durscht

enfermo / sano

chrank / gsund

ilegal / legal

illegal / legal

inteligente / estúpido

intelligänt / gatz

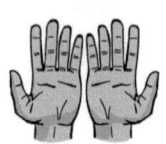

izquierda / derecha

links / rächts

cerca / lejos

nöch / wiit weg

nuevo / usado
····················
neu / bruucht

nada / algo
····················
nüt / öpis

viejo / joven
····················
alt / jung

encendido / apagado
····················
ah / uss

abierto / cerrado
····················
offe / zue

silencioso / ruidoso
····················
lislig / luut

rico / pobre
····················
riich / arm

correcto / incorrecto
····················
richtig / falsch

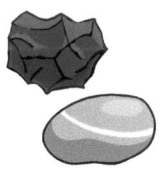

áspero / suave
····················
rau / glatt

triste / contento
····················
truurig / glücklich

corto / largo
····················
churz / lang

lento / rápido
····················
langsam / schnäll

mojado / seco
····················
nass / trochä

caliente / frío
····················
warm / chalt

guerra / paz
····················
Chrieg / Friede

0

cero

Null

1

uno

eis

2

dos

zwei

3

tres

drü

4

cuatro

vier

5

cinco

foif

6

seis

sächs

7

siete

sibe

8

ocho

acht

9

nueve

nün

10

diez

zäh

11

once

elf

12

doce

zwölf

13

trece

drizäh

14

catorce

vierzäh

15

quince

füfzäh

16

dieciséis

sächzäh

17

diecisiete

siebzäh

18

dieciocho

achtzäh

19

diecinueve

nünzäh

20

veinte

zwänzg

100

cien

Hundert

1.000

mil

Tuusig

1.000.000

el millón

Million

el inglés

Änglisch

el inglés americano

Amerikanischs Änglisch

el chino mandarín

Chinesisch Mandarin

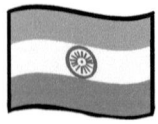

el hindi

Hindi

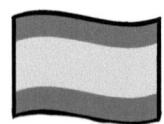

el español

Spanisch

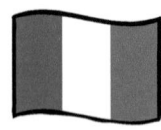

el francés

Französisch

el árabe

Arabisch

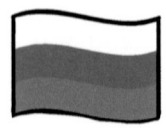

el ruso

Russisch

el portugués

Portugiesisch

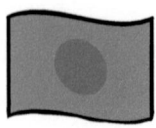

el bengalí

Bengalisch

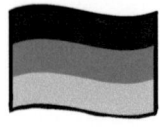

el alemán

Dütsch

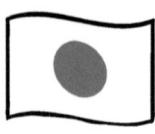

el japonés

Japanisch

yo
....
ich

vos
....
du

él / ella
....
är / sie / es

nosotros
....
mir

ustedes
....
ihr

ellos
....
sie

¿quién?
....
wär?

¿qué?
....
was?

¿cómo?
....
wie?

¿dónde?
....
wo?

¿cuándo?
....
wänn?

el nombre
....
Name

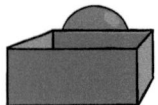

detrás
....
hinder

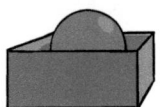

en
....
in

adelante de
....
vor

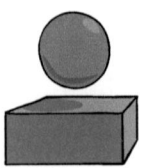

por encima de
....
über

sobre
....
uf

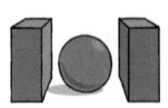

debajo de
....
under

al lado de
....
näbe

entre
....
zwüsche

el lugar
....
Ort